AF586807

AMOURS SCANDALEUSES DE LA FAMILLE DES BOURBONS,

DEPUIS

MARIE-ANTOINETTE JUSQU'EN 1830.

CHARLES X,

DUCHESSE D'ANGOULÊME,

DUCHESSE DE BERRY.

PARIS,

AU BUREAU, RUE MONTMARTE, N. 54.
Au premier sur le devant,
OU L'ON TROUVE TOUTES LES BROCHURES NOUVELLES.

1830.

AMOURS

DES BOURBONS.

Une des premières maîtresses de Charles fut une nommée Flore, qui trafiquait de ses appas chez la Gourdan. Cette fille, qui, se trouvait honorée de faire l'éducation d'un prince, contracta des dettes énormes pour le recevoir dans un appartement digne de lui : elle ne le mit point à contribution, espérant piquer sa générosité ; mais Charles était aussi avare que crapuleux dans ses goûts : elle rompit avec lui et le laissa couvert de honte. Traité de la sorte, il voulut se venger ; il communiqua son projet à quelques libertins de ses amis : c'était de jeter par la fenêtre la pauvre Flore ; ils se réunirent alors chez elle : « Je viens, ma mie, s'écria Charles, donner en votre personne, une leçon aux catins de Paris, et leur apprendre à faire une différence entre un prince et le premier venu.

— Eh! monseigneur, les premiers venus valent souvent mieux que les princes !

— Ah ! coquine ! tu insultes un descendant de Henri IV. »

Aussitôt ils se précipitèrent sur elle pour exécuter leur projet ; mais des amis de Flore, qui soupaient chez elle, vinrent à son secours les armes à la main. Les compagnons de Charles lâchent leur proie, s'échappent, et lui, à la vue des armes, s'était bravement réfugié dans une cheminée, en s'écriant : « Je suis le comte d'Artois. — Que tu sois le diable, si tu veux, s'écri-t-on ; choisis parmi nous, celui contre qui tu veux te battre, ou bien à genoux, à genoux !

— Ignorez-vous, messieurs, que le sang royal, que le descendant de Saint-Louis...

— N'est qu'un lâche! à genoux, à genoux!

— Oh! bonne Sainte-Vierge!

— Trêve de discours, ou je t'embroche! »

Il fallait choisir. Tête nue, chapeau bas, il demande pardon, dans les termes les plus humilians. Mais le bruit qu'avait occasionné cette scène avait attiré le commissaire, qui fit main basse sur Charles, car les autres s'étaient enfuis par un escalier dérobé.

— « En prison! en prison! dit le commissaire.

— Monsieur, je suis Charles d'Artois.

— A d'autres! ces moyens sont usés! en prison, maraud! tu seras peut-être pendu. »

Charles écu nait de rage; mais l'inflexible commissaire ne lâchait pas prise. Deux cents personnes étaient assemblée, et riaient de voir un homme tout couvert de suie invoquer son sang royal. Enfin, il se débarbouille; quelques personnes croient le reconnaître; il demande à envoyer chercher Sartines, lieutenant de police, qui vint affirmer que c'est effectivement le descendant de Saint-Louis, qui vient de descendre de la cheminée.

Une telle leçon était sévère; mais elle ne le corrigea pas, car il se livra de nouveau à la débauche. Il fut atteint de cette maladie cruelle, dont les ravages sont si effrayans lorsque de prompts remèdes ne sont pas administrés. On pensa alors à le marier, et il épousa Marie-Thérèse de Savoie, après s'être guéri de sa honteuse maladie. On crut que, dans les premiers temps de son mariage, il changerait de conduite, mais il se livra encore aux excès les plus scandaleux. Sa femme mit au monde un fils, que l'on nomma Louis-Antoine (aujourd'hui le duc d'Angoulême); ses débordemens n'en continuèrent pas moins.

Une actrice des Français, Contat, reçut ses

assiduités et devint sa maîtresse. Elle l'enivrait, se prêtait à sa dépravation. Ce moyen lui réussit pour faire contracter à Charles des dettes énormes, qu'il espérait acquitter comme les grands le faisaient alors, en faisant jeter les créanciers par les fenêtres quand ils insistaient pour être payés. La Contat devint enceinte : ne sachant au juste de qui elle l'était, elle attribua la paternité à Charles, en lui faisant demander les secours nécessaires ; celui-ci lui envoya *généreusement trois louis*. Indignée d'un tel procédé, la Contat se montra plus grande ; elle lui renvoya ses trois louis et tous les présens qu'elle en avait reçus, en lui faisant défendre de remettre jamais les pieds chez elle.

Une courtisane nommée Saint-Léger ; une actrice des Français, la Duthé, furent également ses maîtresses : cette dernière trouvant plus de profit à plaire à un fermier-général, congédia le prince en prenant très-peu de ménagemens; celui-ci, humilié, fut tourmenté du désir de se venger : mais la leçon qu'il avait reçue chez Flore était trop présente à sa mémoire.

Des orgies et des amourettes aussitôt finies que commencées furent, pendant quelques mois, les seules distractions du prince. Ennuyé de n'avoir pu se faire aimer, il tâcha de s'attacher les femmes par ses largesses ; c'est de cette manière qu'il rendit fort traitable mademoiselle Lange, actrice charmante, qui, pendant près d'une année chercha à lui prouver sa tendresse ; mais les cadeaux cessèrent, mademoiselle Lange trouva à propos de s'adjoindre un jeune seigneur qu'elle aimait. Charles l'ayant appris, voulut intimider son concurrent, et lui fit défendre de mettre les pieds chez la Lange.

« Ton maître n'est qu'un sot, dit le jeune homme à l'ambassadeur de Charles ; je le lui prouverai. » Le messager n'osa donner à d'Artois cette réponse, celui-ci courut chez sa maîtresse; mais le rival parut et s'écria : « Votre Altesse, me fera je l'espère, raison de l'injure qu'elle m'a faite!

Insolent! ignorez-vous qui je suis? — Vous!... je croirais parler à un laquais, si je ne savais que vous êtes le comte d'Artois!

— Pensez-vous que je veuille salir mon épée?

— Malheureux, n'ajoute pas un mot, ou tu es mort! assigne un rendez-vous, et donne t'a parole de t'y trouver. »

Charles, pour sortir d'embarras; jura... mais il ne se rendit pas au lieu indiqué; la parole d'honneur du comte d'Artois est si peu de chose! Il fit saisir le jeune homme, jeter à la Bastille, où il mourut bientôt; c'était ainsi dans le *bon temps !*

La comtesse d'Artois accoucha à cette époque d'une fille que l'on appela *Mademoiselle*. L'abus des plaisirs avait tellement réduit les forces de Charles, qu'il parut avoir renoncé à ses débauches; un an après il devint père de Ferdinand, duc de Berri. De nouvelles liaisons eurent lieu: Marie-Antoinette eut avec d'Artois de nombreux tête-à-tête chez Montansier, directeur du spectacle de Versailles. Ces amours furent bientôt connues de tout le monde; le roi seul l'ignorait : c'était le mari.

Charles était grossier, brutal, sot et lâche. En cherchant au bal de l'Opéra une fille à qui il avait donné rendez-vous, il est accosté par une femme qui lui dit en lui prenant le bras. « Je serais bien aise de causer un instant avec vous. où courez-vous ainsi ?

— Quelle est cette catin?... je vais où il me plait, répond Charles. »

D'une main, il lui arrache son masque, de l'autre il lui donne un soufflet. Elle pousse de grands cris : il reconnaît la duchesse de Bourbon. Le fils de Condé, le duc de Bourbon, vint trouver d'Artois pour en avoir satisfaction ; celui-ci, mourant de peur, voulait refuser, mais il n'y eut pas moyen. Le duc de Bourbon en eût pitié et ne lui fit au bras qu'une légère égratignure. Charles se croyant mort, se laissa tomber, et porter jusqu'à sa voiture.

Les liaisons de d'Artois et Marie-Antoinette continuaient encore, mais ils se fatiguaient mutuellement : l'ennui survint; les amans rompirent pour courir à de nouveaux plaisirs . le beau Fersenne succéda à Charles. Avant cette rupture, le mari de Marie-Antoine avait trouvé sous sa serviette de mauvais vers que voici :

Notre lubrique reine,
D'Artois le débauché,
Tous deux, sans moindre gêne,
Font le joli péché....
Eh ! mais oui-dà !
Louis trouverait-il du mal à çà ?

Cette belle alliance
Nous a bien convaincus
Que le bon roi de France
Est le roi des cocus,
Eh ! mais oui-dà ?
Nous ne saurions trouver du mas à çà ?

Un troisième couplet reprochait à madame de Polignac d'etre l'entremetteuse de la reine et de d'Artois. Louis XVI, indigné, fit une scène à sa femme, mais celle-ci dit qu'elle ferait ce qu'elle voudrait, et le *bonhomme* baissa la tête.

Les finances étaient dans le plus grand délâbrement, la France dénuée de ressources ; les Etats-Généraux allaient être convoqués ; mais il fallait de l'argent à la reine et à Charles ; ils empruntaient de toutes parts et vendaient leurs diamans ; mais les diamans furent bientôt dissipés, et l'on ne voulut pas prêter à des gens qui ne rendaient pas. La misère se fit sentir : d'Artois, quoiqu'il fût naturellement avare, s'était accoutumé à des prodigalités qui ne lui coûtaient rien. Il en fut vivement touché.

La révolution éclata; les parisiens s'emparèrent de la Bastille; il se décida à prendre la fuite, mais avant de le faire, il alla chez mademoiselle Raucourt, actrice des Français, dont il avait fait sa maîtresse; sa visite parut suspecte, mademoiselle Raucourt fut arrêtée peu à près. Charles se rendit à Bruxelles, où se trouvaient plusieurs émigrés; il renchérit sur son libertinage de Paris; pour tout autre c'eût été difficile, mais en excès Charles était un phénix.... il ne le fut jamais autrement. Le piteux état de ses finances et son avarice l'obligèrent à rechercher les plaisirs à bon marché. Il tâchait de se faire aimer des financiers, mangeait à leur table; un jour il vit chez l'un d'eux une femme charmante, l'éclat de sa parure l'aurait fait prendre pour une personne de qualité : c'était simplement une danseuse de l'Opéra : Hortense (c'était son nom) vivait aux dépens de son Crésus. Le cœur de Charles fut épris pour elle des plus vifs sentimens; il résolut de tout entreprendre pour se l'attacher, et lui fit remettre une lettre dans laquelle il l'entretenait de son amour : celle-ci, en franche coquette, le *promena* quelque temps, mais elle le rendit bientôt *heureux*. L'excès de son bonheur ne lui fit pas oublier le parti qu'il pouvait tirer de cette bonne fortune. « — Hortense, il ne faut pas que l'amour nous fasse oublier la fortune. — D'accord; mais faites que M. de Varmont, ce riche financier chez qui nous soupâmes, vous conduise chez lui. Je crains que ce soit difficile; il est quinteux, jaloux. — M. de Varmont y consentira, ma chère. » Il réussit, conduit par l'amour et l'avarice. Le millionnaire crut s'apercevoir qu'on le trompait; quelques rapports qu'on lui avait faits éveillèrent sa jalousie. Il se promène le cœur plein d'amertume, l'œil en feu, le front... rembruni. « je suis.. trahi! et par qui? une femme à qui j'ai rendu, non pas l'honneur, mais au moins quelques droits à la société! je veux me venger! » Charles entra chez lui dans ce moment, et reçut la confidence du vieillard, qui le supplia d'aller chez sa perfide, sa traîtresse; de l'accabler de reproches. « Allez, allez, monseigneur, c'est un service que j'attends de votre amitié, dites-lui que je l'abandonne au sort qui venge les hommes dupes de ses pareilles. Je vous attends ici » Charles se rend chez Hortense; ils formèrent tous deux un projet d'*exploitation* sur M. Varmont. — « Votre maîtresse, revient-il lui dire, n'a jamais cessé d'être à vous, mon cher ami. Les gens qu'elle recevait en cachette et qui éveillaient vos soupçons sont tout bonnement..... oh! je n'ôse vous le dire!... cette chère Hortense me l'a bien défendu; elle vous aime tant, elle n'a pas voulu vous affliger.. — Dites, oh! dites, mon ami. — Vous le voulez donc? voici ce que c'est: lors de ses débuts à Paris, la pauvre fille contracta des dettes. Une fille qui ne veut pas payer de sa vertu est obligée de s'en déttер. Son principal créancier a appris qu'elle était ici dans une belle position; il s'est mis en route, et l'obséde; ne pouvant le payer, elle use de ménagemens à son égard... — Eh! c'est bien naturel! la pauvre fille! aussi qu'allai-je penser? oh! monseigneur que de remercimens! et la dette est de... — Ah! mon cher, pour vous, une bagatelle; pour Hortense, qui vous aime tant, le repos de sa vie. — Mais enfin combien? — Cinquante mille francs. »

La somme était forte; mais le financier était amoureux; il déboursa. d'Artois fut chargé de remettre les finances; mais il se paya de son ambassade, et n'en remit à Hortense que la moitié. Cette somme lui servit pour son voyage de Vienne; il partit sans faire d'adieux à son ami, et laissa sa maîtresse surprise qu'un fils de France put être un escroc. Il resta peu de jours à Vienne, et partit pour se rendre à Turin. Il rencontra, presque au moment de son départ, une jeune et aimable Française, Adélaïde Daigaimille, qui lui dit qu'elle allait aussi à Turin qu'elle habitait; que, venue à Vienne pour recevoir une somme qu'elle n'avait pu toucher, elle attendrait l'arrivée d'une de ses tantes pour ne pas prendre la voiture publique. Le comte d'Artois lui offrit la sienne. Cette proposition fut d'abord rejetée, ensuite acceptée à condition que la femme de chambre accompagnerait. Pendant le voyage, le prince devint encore plus amoureux ; elle avait fait le plan de l'agrandissement de ses plaisirs et de sa fortune, et des demi-confidences au prince, qui avaient pour but que celui-ci lui offrirait sa bourse, car, *il demandait* déjà, et elle voulait *tenir*. Il fut convenu que Charles louerait un appartement, ferait quelques frais, etc., etc. Il devenait entreprenant, la belle le repoussa, et lui fit comprendre ces mots : *donnant*, *donnant*. Il fallut s'exécuter : le lendemain, il la conduisit dans l'appartement meublé pour elle, et là il fut *heureux* : mais il s'aperçut huit jours après, que la belle avait fait aussi, *donnant*, *donnant ;* il en eut la certitude pendant plus d'un mois, tant avait été généreuse Adélaïde. Il voulut se fâcher, on se moqua de lui.

Un jour qu'il rentrait chez lui par une rue détournée, il fut abordé par une femme couverte d'une mante : « Seigneur cavalier, lui dit-elle, une dame désire avoir un entretien avec vous ; demain à midi soyez à la grande église. » Charles accepta le rendez-vous ; parmi plusieurs femmes agenouillées, une d'elles se faisait remarquer par sa tournure modeste ; la soubrette qui avait accosté le prince la veille, était auprès d'elle, vint vers lui, et l'engagea à les suivre. On l'introduisit dans une maison d'une simple apparence ; la noblesse des traits de la dame enchantèrent Charles.

Vous serez très-surpris de ma conduite à votre égard, seigneur, dit-elle. Clara vous aura, sans doute, fait de ma part un aveu que la force de la passion m'a arraché. Soyez digne de mon amour, si vous ne voulez pas que je m'en repente. Vous triomphez de mes craintes; je goûte le plaisir de vous posséder chez moi, malgré tous les périls que je puis courir, j'espère que le plaisir que j'ai de vous voir ne sera point interrompu ; mais, en cas d'accident vous pourrez vous retirer : un domestique vous tient un cheval au bas de l'escalier. » Charles, dont on connaît la chétive éloquence, parvint cependant à répondre convenablement ; déjà depuis quelque instans les amans étaient dans ces transports de l'âme que l'amour seul fait connaître, quand tout-à-coup un grand bruit se fit entendre dans la chambre qui précédait celle où ils s'étaient retirés.

Fuyez, dit Antonia avec transport, je suis trahie ; je périrai, mais je ne m'en plaindrai pas, si je puis vous croire en sureté.

Dans l'instant même, on enfonça la porte, et Charles tremblant, se croyant à sa dernière heure, vit entrer un homme transporté de fureur et suivi de deux valets armés ; il tenait son épée d'une maiuet de l'autre un poignard. Il se jeta sur Antonia et la frappa de deux coups qui l'étendirent à ses pieds ; puis s'élançant vers Charles, dont les genoux fléchissaient, et qui était près de s'éva nouir. « A toi, traître, sécria-t-il, défends ta vie. »

L'imminence du danger rendit quelque force auprince, qui, le visage décomposé et la voix alté rée, s'écria : Prenez garde à ce que vous allez faire « J'aurais dû le deviner, repliqua le mari offensé ; ta turpitude est maintenant passée en proverbe !... Je ne suis plus digne de vivre : puisque j'ai été déshonoré par un si vil séducteur.... »

A ces mots, il jeta loin de lui son épée, saisit un pistolet, et se fit sauter la cervelle.

Cette aventure causa à d'Artois une si fort impression qu'il renonça pour toujours à la galanterie ; il ne fit toutefois que changer de vices ; il était libertin, il devint bigot.

Ici finit l'histoire amoureuse de Charles ; il n'y eut rien de remarquable dans sa vie politique que sa nullité ; il ne sera connu de la postérité que par le sang qu'il vient de faire couler en France. Ses parentes, les duchesses d'Angoulême et de Berry ont eu aussi des intrigues.

Voici le jugement qu'un homme d'esprit aporté sur elles :

Dévorée de vengeance, la première rentra en France avec des idées d'extermination. Tout Français était son ennemi personnel, et le cadavre de son père s'offrait sans cesse à ses regards courroucés.

Étrangère à notre patrie, la seconde, étourdie légère, inconsidérée quitta sans regret sa famille, et accourut sans joie dans les bras de son époux. Elle ne fesait que changer de plaisirs et de fêtes. Naples ou Paris, tout lui était égal, pourvu qu'elle s'amusât.

La première était dévote avec ostentation. On ne voyait que reliques, scapulaires et crucifix dans ses appartemens. Elle se confessait toutes les semaines, communiait tous les mois brodait, chaque jour des bannières pour les couvens et les oratoires.

La seconde allait à la messe et aux vêpres parce que Charles X l'exigeait impérieusement. Elle se confessait et communiait quand elle ne pouvait s'en dispenser, et assistait à plus de représentations à bénéfice qu'à des neuvaines expiatoires.

Les amours de la première étaient gazés comme ceux d'une nonne. Abbés poupins, et prélats frisés affluaient dans ses bonnes grâces. On ne leur demandait qu'un religieux secret, et la bénigne tourbe savait le garder.

Pas de secret chez la seconde! Elle était la première à tout divulguer. Vieux serviteurs et jeunes cavaliers, *altesse libérale et tyran Portugais*, tout était de bonne prise. On prenait, on laissait son monde selon le besoin ou le caprice. On se rencontrait, on se perdait, on se retrouvait encore, tout cela sans plaisir, sans émotion, par passe-temps ou par hasard.

La duchesse d'Angoulême était une méchante femme.

La duchesse de Berry une femme à passions.

L'une était dévote.

L'autre voluptueuse.

On frémit en pensant à l'une.

On sourit encore en songeant à l'autre.

Louis XVIII avait *octroyé* à Marie-Thérèse le duc d'Angoulême pour époux. L'impuissance de ce duc était avérée; son épouse en fit la triste expérience la première nuit de ses noces! O quelle nuit pour la pauvre duchesse dA'ngoulême que celle qui suivit cette pompeuse journée! La malheureuse redoutait bien quelque chose de sinistre, mais jamais elle n'eût pu soupçonner que son infortune fut aussi compèlte. Ce ne fut pas sans peine qu'elle parvint à décider le nouvel époux à venir prendre sa place au lit nuptial. Et là que de peine ne fallut-il pas encore pour le décider à tenter autre chose! Indigne fils du comte d'Artois, le duc d'Angoulême ne tarda pas à prouver, à plusieurs reprises, qu'il était le digne neveu de Louis

XVI et de Louis XVIII. La duchesse suait à grosses gouttes, elle s'indignait, elle pleurait, elle suppliait; tout était inutile. Enfin elle se lève furieuse, ouvre son secrétaire, approche sa lampe et se met à écrire à Vienne. Le duc était sur les dents, et déjà il ronflait de manière à ébranler les parois de la chambre. »

C'est de cette nuit funeste que date l'antipathie des deux époux. Jamais Madame n'a pu pardonner au futur vainqueur du Trocadéro l'injure dont il s'est rendu coupable envers elle; jamais ellle n'a parlé de lui que dans les termes du plus profond mépris. Le lendemain de la noce, elle ne répondait que par des pleurs à ces plaisanteries d'usage, dont on harcèle les nouveaux mariés. « O ciel! se disait-elle, peut-on m'avoir donné un mari de cette sorte ! Mais je ne languirai pas long-temps. » Effectivement, la chronique de l'époque rapporte que le prince de Graves possédait les *qualités nécessaires* pour plaire à la belle; il les perdit bientôt, et le baron de Jatz vint ensuite essuyer les yeux rouges de la duchesse.

La restauration survint: la famille des Bourbons rentr en France: Madame, connue de la *terre*, voulut l'être du *ciel*: c'est à ce sujet que l'on a inprimé différentes fois ses *aventures avec certain prélat*. Si ce que l'on a avancé est vrai, l'on aurait alors l'énigme de ses dévotions. On assure aussi que, quoiqu'elle affichât le plus profond mépris pour le théâtre, elle s'y rendait souvent déguisée sous les habits de femme de vertu équivoque.

Un soir qu'elle était allée ainsi au théâtre Français, elle trouva grande affluence; toutes les loges louées, et les meilleures places déjà prises. Force lui fut de monter aux quatrièmes. A peine y était elle installée, qu'à ses côtés vint se placer, par suite du même embarras, le jeune Gurtave de***, connu dans tout le quartier d'Antin par la vivacité de son esprit, ses réparties ingénieuses, et son aimable galanterie. Il parlait bien, on l'écouta ; et plus la pièce avançait, plus il devenait pressant ; enfin, il offrit son bras à sa voisine ; et on l'accepta sans trop de difficulté.

Ils arrivèrent ainsi sous le pérystile. Peignez-vous l'étonnement de notre pauvre jeune homme à l'aspect de deux grands laquais et d'un magnifique chasseur, s'approchant avec respect de la dame, comme pour recevoir ses ordres. Elle demanda sa voiture qu'on fit avancer. Aussitôt M. de ***, reconnaissant sa méprise, voulut se retirer, mais Madame qui avait des vues sur lui, le retint en souriant.

« Mille pardons, madame, lui dit-il, mille pardons de ma familiarité. Au paradis nous étions tous deux égaux, mais sur la terre je suis votre très-humble serviteur. » Ces paroles plurent infiment à la princesse, qui le fit monter dans sa voiture, et lui donna une place au château. Jeunes fashionables, rougissez ensuite de grimper aux quatrièmes !

La duchesse d'Angoulême était peu aimée en France, ses manières aristocratiques et bigotes étaient peu faites pour plaire. Madame de Berri s'était, au contraire, rendue plus populaire; elle avait autant de franchise que l'autre de fausseté.

Après les spectacles, c'était les voyages à Dieppe que la duchesse de Berri affectionnait le plus.

Sa réputation de légèreté et de galanterie devint même bientôt si universelle à Paris, qu'un vieil employé en devint éperdument amoureux. Il ne manquait jamais de se trouver sur son passage et de la dévorer des yeux. Il essaya même plusieurs fois de lui parler, mais ce fut en vain. Désespéré de tant de contrariétés, il se décide à lui écrire, mais la lettre tombe dans les mains de la police qui envoie notre amoureux en prison. Dieu sait combien de temps il y serait resté si la duchesse, apprenant sa mésaventure, ne se fût empressée de solliciter et d'obtenir sa liberté. Elle le fit même, dit-on, appeler un jour chez elle, et, comme il n'était ni jeune ni beau, elle l'exhorta très-charitablement à extirper au plus tôt ce fol amour de son cœur. On n'en a plus entendu parler depuis. Madame n'était cependant pas belle : son teint blond fade, ses yeux inégaux, son extrême maigreur n'avaient rien d'attrayant, mais elle possédait ce laisser aller enfantin, ce je ne sais quoi qui séduit un cœur et le subjugue. Les exemples ne manquent pas pour le prouver.

Une des conquêtes qu'on lui attribue généralement est celle de l'infant don Miguel, venant d'Autriche, où il avait juré la constitution sur l'Évangile, et se rendant en Portugal pour déchirer et fouler aux pieds cette même constitution. Apprivoiser un tigre! l'intrépide M. Martin ne ferait pas mieux.

Les fameuses ordonnances parurent : cette branche des bourbons fut obligée de quitter Paris; Charles, bigot et chasseur ainsi que son fils, regrettant ses lapins; Madame d'Angoulême, emportant le fiel dans le cœur; Madame de Berry, jetant sur le beau pays de France, où elle s'était tant amusée, un triste regard d'adieux.

En Angleterre, de vifs débats ont éclatés entre elle et Charles X; chacun veut avoir le prétendu duc de Bordeaux, et les tribunaux vont peut-être se voir appelés à juger ce singulier différent. Ce sera encore du scandale! mais il vaut mieux pour nous qu'il éclate au-delà qu'en deçà du détroit. Ainsi soit-il.

Imprimerie de POUSSIN.

www.ingramcontent.com/pod-product-compliance
Lightning Source LLC
LaVergne TN
LVHW052039160826
845678LV00003B/1423

* 9 7 8 2 3 2 9 6 2 9 1 6 2 *